어린이여행인문학 ❽

# 평양에서 태양을 보다

윤문영 글·그림 | 정창현 감수

**초판 인쇄일** 2018년 12월 10일 | **초판 발행일** 2018년 12월 21일
**펴낸이** 조기룡 | **펴낸곳** 내인생의책 | **등록번호** 제10호-2315호
**주소** 서울특별시 서초구 나루터로 60 정원빌딩 A동 4층
**전화** (02)335-0449, 335-0445(편집) | **팩스** (02)6499-1165
**전자우편** bookinmylife@naver.com | **홈페이지** http://bookinmylife.com
**편집** 백재운 하빛 | **디자인** 위하영

ISBN 979-11-5723-431-8(77900)
　　　979-11-5723-396-0(세트)

* 책값은 뒤표지에 있습니다.
* 잘못된 책은 구입처에서 바꾸어 드립니다.

이 도서의 국립중앙도서관 출판시도서목록(CIP)은 e-CIP홈페이지(http://www.nl.go.kr/ecip)와
국가자료공동목록시스템(http://www.nl.go.kr/kolisnet)에서 이용하실 수 있습니다. (CIP제어번호: CIP2018040031)

내인생의책에서는 참신한 발상, 따뜻한 시선을 가진 원고를 기다리고 있습니다.
원고는 나무의 목숨 값에 해당하는 가치를 지녔으면 합니다.
원고는 내인생의책 전자우편이나 홈페이지를 이용해 보내 주세요.

**어린이제품 안전 특별법에 의한 제품 표시**
**제조자명** 내인생의책 | **제조 연월** 2018년 12월 | **제조국** 대한민국 | **사용연령** 5세 이상
**주소 및 연락처** 서울특별시 서초구 나루터로 60 정원빌딩 A동 4층 02)335-0449 | **담당 편집자** 백재운

# I See the Sun in Pyeongyang

# 평양에서 태양을 보다

윤문영 글·그림 | 정창현 감수

## 윤문영 글·그림

홍익대학교 미술학부 서양화과를 졸업했습니다. 동양방송, KBS, 경향신문사를 거쳐 제일기획에서 CF 감독으로 활동하면서 〈맥스웰하우스 커피〉〈오란씨〉〈고래밥〉 등과 같은 명작 CF를 제작했습니다. 직접 제작 연출한 독립 영화 〈산이 높아 못 떠나요〉로 제1회 MBC 영상문화제 대상을 받았으며, '2006 더 디렉터스' 감독상을 수상했습니다. 지금은 어린이를 위한 글과 그림 작업에 매진하고 있습니다. 언제까지나 철들지 않는 소년이 되어 참신한 아이디어와 감수성 넘치는 작품으로 어린이들과 함께하고자 합니다. 《할아버지 방패》《압록강은 흐른다》《할아버지를 기쁘게 하는 12가지 방법》《우리 독도에서 온 편지》《풀꽃》《우리 동백꽃》《한라산의 눈물》 등의 작품을 그리고 썼습니다.

## 정창현 감수

현대사연구소 소장, 조계종 민족공동체추진본부 집행위원, 머니투데이 미디어 전문위원 등으로 활동 중입니다. 서울대학교 국사학과와 동 대학원 박사과정을 수료했습니다. 주요 저서로 《인물로 본 북한현대사》《북녘의 사회와 생활》《CEO OF DPRK 김정일》《남북 현대사의 쟁점과 시각》《평양의 일상》《키워드로 본 김정은시대의 북한》《새로 쓴 한국현대사》(공저) 등이 있습니다.

## 북쪽의 동포 어린이들을 그리워하며

우리 한반도의 공기가 따뜻해지고 있어요.
하루빨리 이 땅에 봄이 오길 바랍니다.

내인생의책

새벽안개를 가르고 대동강 철교 위로 태양이 떠오릅니다.
유유히 흐르는 대동강 물결이 금세 황금빛으로 물들어 가네요.

아파트 앞 도로와 공원에서는 남녀노소 모두 나와 청소를 합니다.
평양 거리에는 휴지 한 조각 굴러다니지 않아요.

감기로 고생한 언니를 위해 어머니가 따끈한 미역국을 준비했어요.
참, 그러고 보니 오늘이 언니 생일이네요.
보건소에서 일하는 어머니는 의약품이 많이 부족하고 의료 시설이 뒤처져
빨리 통일이 되어야 걱정을 덜 수 있다고 하셔요.

아침부터 텔레비전에서 이산가족 상봉 뉴스가 나와요.
옆집 령희네도 남조선 사는 할만님(*할머니)을 만났다네요.

밥을 먹던 언니가 보이지 않아요.
보나 마나 어머니가 아끼는 로션을 몰래 바르고 있을 거예요.
남남북녀라서 북조선 여자는 무조건 예뻐야 한다고 억지 주장을 부려요.

등곳길에 령희와 함께 단설기를 나눠 먹어요.
남조선에서 령희 할만님이 가져다주신 초코파이와 맛이 비슷해요.

오늘 작문 시간엔 통일에 관한 시를 지어요.
잡지사 기자이신 아바지(*아버지)가 요즘 통일 얘기를 많이 하셔서
나도 모르게 통일에 관심이 많아졌어요.

내가 낭독할 차례예요.
"삼천리 우리 강산 아이들아,
우리 만나 얼었던 땅 녹여내자.
힘을 합해 막힌 문을 밀어내자.
이 땅의 아이들아, 이 땅의 꽃들아,
삼천리 이 땅은 우리가 주인이다.
어서 만나 얼싸안고 울어보자.
우리 모두 하나 되어 웃어보자."

낭독이 채 끝나기도 전에 박수가 터져 나와요.
얼핏 훌쩍이는 아이도 있어요.
뒤돌아 계신 선생님의 어깨가 미세하게 떨립니다.

수업이 끝난 뒤 나는 언니와 함께 집에 가려고 학생소년궁전으로 가요.
모범생에 연습 벌레인 언니가 발레 연습실에서 열심히 율동하고 있어요.
언니는 피겨 스케이팅 연습생이어서 발레의 기본 동작을 익히고 있습니다.

언니는 남조선의 김연아 선수를 자주 이야기해요.
어서 통일되어 김연아 선수에게 배워 올림픽에 나가는 게 꿈이래요.

생일 축하 외식 날에 하필 비가 내립니다.
평양 시내는 아스팔트가 반짝반짝 빛나지만
지방은 울퉁불퉁 도로 사정이 좋지 않아요.
이 역시 북조선이 개방해 경제 교류에 나서면 해결되겠지요.

갑자기 쏟아지는 비 때문인가 봐요.
높디높은 건물들이 줄지어 늘어선 창전거리가 자동차 물결로 붐빕니다.

날씨가 궂은데도 옥류관에 손님이 가득하네요.
평양의 자랑, <옥류관 랭면> 노래까지 생겼다니 놀랍지요?

집에 도착해 생일 케이크 순서를 끝낸 뒤
오늘 작문 시간에 나의 통일 시가 인기를 독차지했다고 자랑했어요.
그런데 언니만 거짓부렁이라며 도무지 믿어 주질 않습니다.
언니의 시기심은 아무도 못 말려요.

나는 언니와 티격태격 다투고 나서
베개를 안고 부모님 방으로 갔다가 놀림감만 되고 말았습니다.
"조국 통일도 물론 중요하지만 너희 둘 사이부터 통일해야겠다. 하하하!"
"누가 아니랍니까? 호호호!"
어머니까지 맞장구를 치셔요.

결국 평화를 사랑하는 내가 양보하기로 했어요.
여느 때는 살갑게 마음 써주는 우리 언니, 누구보다 통일을 바라는 우리 언니.
어느새 비가 그쳤는지 밤하늘에 별들이 총총합니다.
내일도 찬란한 태양이 떠오르겠지요.

# 낱말 풀이

**대동강:** 한반도에서 다섯 번째로 큰 강으로, 평양과 남포를 지나 서해로 흐릅니다.

**아침 청소:** 평양 주민은 자기 집 앞을 스스로 청소해요. 시내를 바둑판처럼 쪼개 담당 구역을 정한 다음 이웃과 모둠을 이루어 각 구역을 청소해요. 보통 오전 6시에 일어나 집 주변과 길거리를 청소한답니다.

**단설기:** 남한의 초코파이를 닮은 과자예요. 초코파이가 주민들 사이에서 인기를 끌자 북한에서도 비슷한 맛과 모양을 지닌 과자를 만들었어요. '쵸콜레트 단설기'라고 불린답니다.

**학생소년궁전:** 평양의 청소년은 학생소년궁전에서 공부해요. 5만여 권의 책을 읽을 수 있는 도서관을 비롯해 박물관, 천문대, 전망대, 자동차 운전 실습장, 체육관, 수영장, 게다가 오락실까지 아주 다양한 시설을 갖췄습니다.

**피겨 스케이팅:** 스케이트를 타고 얼음판 위를 활주하며 정확한 기술과 아름다운 율동을 겨루는 빙상경기예요. 북한에서도 남한 못지않게 피겨 스케이팅을 향한 관심이 뜨거워요. 2018년 평창 동계올림픽에는 북한의 렴대옥 선수-김주식 선수 조가 페어스케이팅 종목에 참가해 13위를 기록했습니다. 참고로 북한에서는 피겨 스케이팅을 가리켜 '휘거'라고 말한답니다.

**창전거리:** 서울에 강남이 있다면, 평양엔 창전거리가 있어요. 평양 시내 중에서도 가장 중심지로 꼽히는 곳이에요. 45층짜리 고층 건물부터 상점, 식당, 목욕탕, 학교 등 각종 편의 시설이 모여 있습니다.

**옥류관:** 평양랭면으로 유명한 창전거리의 식당입니다. 남북 정상이 만찬을 나눈 곳으로도 알려졌습니다.

# 평양은 어떤 곳?

　서울에서 북쪽으로 약 200km를 가면 평양이 나옵니다. 차로 달리면 3시간 정도 걸리는 가까운 거리입니다. 그러나 부산보다도 아주 멀게 느껴집니다. 70년 넘게 분단선을 사이에 두고 헤어져 다른 생활문화에서 살았기 때문입니다.

　평양은 북한의 수도이자 북한에서 가장 큰 도시입니다. 우리나라의 정식 이름이 대한민국인 것처럼 북한의 공식 나라 이름은 '조선민주주의인민공화국'입니다.

　1945년 8월 15일 광복 이후 일본군의 무장 해제를 위해 38도선 남쪽에는 미군이, 북쪽에는 소련군이 들어왔습니다. 3년 동안 하나의 정부를 수립하기 위해 노력했지만 결국 실패하고 남과 북에 각각 다른 정부가 들어섰습니다.

　북한은 1950년 6월 25일 전쟁을 일으켰습니다. 3년 동안의 전쟁으로 국토가 파괴되고 많은 사람이 죽었으며 가족이 뿔뿔이 흩어져 이산가족이 생겨났습니다. 전쟁은 멈췄지만 휴전선을 경계로 남북한이 대치하면서 긴장 상태는 계속되고 있습니다.

　전쟁이 끝난 후 북한에서는 개인 소유가 완전히 없어지고 사회주의 제도가 정착했습니다. 살아가는 모습도 크게 변했습니다. 개인보다 국가와 집단을 앞세우는 집단주의가 자리 잡았습니다. 북한의 거리에는 "하나는 전체를 위하여, 전체는 하나를 위하여!"라는 구호가 나붙었습니다. 개인의 이익보다 국가와 집단의 번영을 먼저 생각하자는 구호입니다.

　북한에서는 유치원 시절부터 일상에서 개인주의와 이기주의를 배척하고 집단주의 사고와 행동을 덕목으로 삼도록 가르칩니다. 사람은 개인으로서가 아니라 사회와 집단의 한 구성원으로서 살아가야 하며 사회와 집단을 위해 헌신하는 태도가 얼마나 중요한지를 학교생활에서 배웁니다. 북한은 개인이 국가와 집단에 헌신하는 대신 국가가 개인의 의식주 생활을 책임진다고 선전합니다. 시간이 흐르고 세대가 변하면서 북한은 우리와 적잖이 다른 모습으로 바뀌었습니다.

　그러나 집단주의를 강조하다 보니 개인의 창의성이 떨어지는 문제가 생겼습니다. 1990년대에 세계가 큰 변화를 겪으면서 소련을 비롯한 사회주의 국가들도 자본주의로 변모했습니다. 북한은 점차 고립되었습니다. 경제가 갈수록 어려워져 식

량 배급도 제대로 할 수 없었습니다. 북한 주민들은 먹고살기 위해 너도나도 시장에 나가 장사를 하기 시작했습니다.

북한도 세계의 변화를 받아들이는 수밖에 없었습니다. 특히 김정은 국무위원장이 최고 지도자로 등장하면서 변화의 속도가 빨라지고 있습니다. 가장 눈에 띄는 변화는 컴퓨터와 휴대전화의 보급입니다.

북한에도 '콤맹'이란 말이 등장했습니다. 컴퓨터를 다룰 줄 모르는 사람을 지칭하는 북한식 말입니다. 북한은 '콤맹' 탈출을 위해 정보 기술을 강조하며 컴퓨터 보급에 나섰습니다. 소학교(초등학교) 때부터 영어와 컴퓨터를 가르치고 주요 도시와 공장, 협동농장에 전자 도서관을 건립했습니다. 전국적으로 통신망도 깔았습니다. 북한의 인터넷은 아직 다른 나라와 연결되어 있지 않습니다. 그렇다고 북한의 청소년층 사이에 게임과 채팅 문화가 없다고 생각하면 오산입니다. 북한 내의 포털 사이트에 접속해 이메일을 주고받거나 자료를 검색할 수 있습니다. 최근에는 인트라넷을 이용한 동영상 강의나 화상 채팅도 이뤄지고 온라인 쇼핑몰도 생겼습니다. 젊은 세대를 중심으로 북한의 네티즌들도 점차 컴퓨터망에 접속하는 것을 하나의 일과처럼 여깁니다. 아직 북한의 컴퓨터 이용과 네티즌 문화는 교육과 학습, 제한적인 정보 교류에 치우쳐 있지만 갈수록 우리와 비슷해지고 있습니다.

컴퓨터와 함께 손전화(휴대전화)의 보급은 북한의 일상생활에 큰 변화를 가져왔습니다. 북한 주민 약 2천500만 명 중에 500만 명 이상이 휴대전화를 사용합니다. 북한이 자체 생산한 '아리랑', '평양터치', '진달래' 등 고가의 지능형 손전화(스마트폰)도 보급되고 있습니다. 특히 시장에서 장사하는 사람과 젊은 층 사이에서는 휴대전화가 필수품으로 자리 잡았습니다. 이제 평양에서도 지하철에 앉아 휴대전화로 문자를 보내거나 신문 기사를 읽는 모습이 낯설지 않습니다.

이외에도 대형 슈퍼마켓, 편의점, 패스트푸드점, 이탈리아 피자점, 충전식 전자 카드, 인라인스케이트장 등 과거에는 없던 문화가 등장하고 있습니다. 평양의 창전거리, 미래과학자거리, 려명거리 등에는 고층 아파트들이 새로 건설되었고, 지방의 대도시에도 고층 건물들이 속속 들어섭니다. 김정은 정권기에 들어와 해외 파견, 교류, 유학 등을 통해 해외 문화를 접하는 사람이 늘면서 북한의 사고방식과 생활문화에서도 뚜렷한 변화가 나타나고 있습니다.

'우물 안 개구리'처럼 자기 것만 고집하던 태도에서 벗어나 세계와 소통하려는 움직임도 보입니다. 이러한 변화는 "자기 땅에 발을 붙이고 눈은 세계를 보라!"는 북한의 구호에서 엿볼 수 있습니다. '눈은 세계를 보라'는 구호는 단순히 세계적인 것을 받아들인다는 차원에 그치지 않고 기존의 사고방식을 바꿔 모든 분야의 변화를 이끄는 기준점이 됩니다. 북한이 '세계적 추세'를 수용하며 점차 남과 북 젊은 세대의 생활문화는 자연스럽게 가까워지고 있습니다.

우리나라는 휴전선에 가로막혀 차를 타고 중국이나 유럽에 갈 수 없는 사실상의 섬나라입니다. 북한과 친밀한 관계를 유지하거나 통일을 이룩해야만 대륙으로 나갈 수 있습니다. 북한도 경제적 어려움에서 벗어나기 위해 남북 협력뿐만 아니라 국제 사회와의 교류를 확대하고자 합니다. 물론 이를 위해서는 북한이 핵을 포기해야 하지만 경제 발전에 힘을 쏟겠다는 북한의 정책 방향은 분명합니다.

　오랫동안 떨어져 살며 남과 북 사이에는 가치관이나 생활방식에서 많은 '다름'이 나타났습니다. 하지만 북한의 아이들도 친구끼리 다투기도 하고 늦잠을 자 학교에 지각하기도 합니다. 남과 북은 여전히 '다름'보다 '같음'을 더 많이 갖고 있고 컴퓨터와 휴대전화가 보급되면서 생활문화적으로도 차츰 가까워져 갑니다.

　휴전선을 넘어 철도와 도로가 연결되고, 기차와 버스를 타고 평양과 서울을 오가는 날을 꿈꿔봅니다. 통일은 사실 멀리 있지 않습니다. 남의 철수가 평양의 주체사상탑에 오르고, 북의 영희가 서울의 남산타워에 오르는 날이 오면 그것이 곧 통일의 시작입니다.

# <어린이여행인문학>

어린이여행인문학은 가보지 못한 곳, 가기 힘든 국가와 도시를 여행합니다.

| | |
|---|---|
| ❶ 아프가니스탄에서 태양을 보다 | 데디 킹 지음 \| 주디스 잉글레세 그림 |
| ❷ 미얀마(버마)에서 태양을 보다 | 데디 킹 지음 \| 주디스 잉글레세 그림 |
| ❸ 네팔에서 태양을 보다 | 데디 킹 지음 \| 주디스 잉글레세 그림 |
| ❹ 터키에서 태양을 보다 | 데디 킹 지음 \| 주디스 잉글레세 그림 |
| ❺ 중국에서 태양을 보다 | 데디 킹 지음 \| 주디스 잉글레세 그림 |
| ❻ 러시아에서 태양을 보다 | 데디 킹 지음 \| 주디스 잉글레세 그림 |
| ❼ 멕시코에서 태양을 보다 | 데디 킹 지음 \| 주디스 잉글레세 그림 |
| ❽ 평양에서 태양을 보다 | 윤문영 글·그림 \| 정창현 감수 |

**<어린이여행인문학> 시리즈는 계속 출간됩니다.**